BEI GRIN MACHT SICH IHR WISSEN BEZAHLT

- Wir veröffentlichen Ihre Hausarbeit,
  Bachelor- und Masterarbeit

- Ihr eigenes eBook und Buch -
  weltweit in allen wichtigen Shops

- Verdienen Sie an jedem Verkauf

Jetzt bei www.GRIN.com hochladen
und kostenlos publizieren

GRIN

Bibliografische Information der Deutschen Nationalbibliothek:

Die Deutsche Bibliothek verzeichnet diese Publikation in der Deutschen National-bibliografie; detaillierte bibliografische Daten sind im Internet über http://dnb.d-nb.de/ abrufbar.

Impressum:

Copyright © 2016 GRIN Verlag, Open Publishing GmbH
Druck und Bindung: Books on Demand GmbH, Norderstedt Germany
ISBN: 9783668279766

Dieses Buch bei GRIN:

http://www.grin.com/de/e-book/338149/fortbildungsmassnahmen-steuern-und-verwalten-analyse-und-konzeption-einer

Jens-Uwe Hammann

Fortbildungsmaßnahmen steuern und verwalten. Analyse und Konzeption einer Software für ein Landratsamt

GRIN Verlag

GRIN - Your knowledge has value

Der GRIN Verlag publiziert seit 1998 wissenschaftliche Arbeiten von Studenten, Hochschullehrern und anderen Akademikern als eBook und gedrucktes Buch. Die Verlagswebsite www.grin.com ist die ideale Plattform zur Veröffentlichung von Hausarbeiten, Abschlussarbeiten, wissenschaftlichen Aufsätzen, Dissertationen und Fachbüchern.

Besuchen Sie uns im Internet:

http://www.grin.com/

http://www.facebook.com/grincom

http://www.twitter.com/grin_com

Jens-Uwe Hammann

Projektbericht

im Studiengang Wirtschaftsinformatik (Bachelor of Science)

Thema:

Analyse und Konzeption eines Programmes zur Steuerung und Verwaltung von Fortbildungsmaßnahmen und Veranstaltungen im Landratsamt X

Althengstett, den 12.06.2016

Inhaltsverzeichnis

Abbildungsverzeichnis

1. Einleitung

1.1 Einführung

Das Wissen einer jeglichen Institution ist das Grundkapital für eine gute, solide Abwicklung und Sicherung der Geschäftsprozesse. Dabei spielt es keine Rolle, ob es sich um eine Behörde oder ein Wirtschaftsunternehmen handelt. Dieses Wissen zu sichern bzw. weiterzuentwickeln, z.B. durch ein geeignetes Fortbildungsmanagement, sind wesentliche Bausteine innerhalb eines guten Wissensmanagements.[1] Durch geeignete Maßnahmen wird gerade das implizite Wissen der Mitarbeiter vertieft, erweitert und konserviert, was wiederum zur besseren Informationsverarbeitung führt und damit zum effizienten und effektiveren Arbeiten.

Im Landratsamt X werden diese Aufgaben von den Abteilungen Personal und Organisation (Methodik und Gesundheitsförderung) sowie von der Abtei-lung Gebäude und EDV (EDV-Schulungen) betreut, organisiert und innerhalb des Microsoft Office Bereiches auch selbst durchgeführt. Dabei gilt es, so-wohl für den einzelnen Mitarbeiter als auch für die Organisierenden eine zufriedenstellende softwaregestützte Lösung zu entwickeln, welche die Bedürfnisse beider Seiten befriedigt.

Ein datenbankgestütztes Informations- und Buchungssystem muss gerade in Bereichen mit größeren Anwenderzahlen eine entsprechende Performanz sowie eine intuitive Bedienmöglichkeit bieten. Nur so wird es dann letztendlich auch verwendet und kann damit sowohl die Buchung selbst, als auch die ergänzenden Arbeiten der Organisation unterstützen.

1.2 Problemstellung und Ziel der Arbeit

Das Ziel dieses Projektberichtes ist es, ein Programm zu konzipieren, welches sowohl die Anforderungen seitens der Benutzer an Bedienbarkeit und Performanz, sowie auf der anderen Seite die Auswertungs-, Steuerungs- und Pflegemöglichkeiten der Organisierenden zufriedenstellt. Dabei sollen zu-

---

[1] Vgl. Lenk / Meyerholt / Wengelowski, Wissen managen in Staat und Verwaltung, Seite 56

nächst die Grundfunktionen wie das Anmelden zu Fortbildungen und Veranstaltungen sowie das Vor – und Nachbereiten dieser entwickelt und implementiert werden.

In größeren Kommunen und Betrieben gilt es im Besonderen, gegebene organisatorische Vorgaben zu beachten, da diese gerade im Bereich der Zuständigkeit differenziert geregelt sind und ebenso separat abgewickelt werden müssen. Die Anforderungen an den Datenschutz sind obligatorisch. Da es sich hierbei um ein Programm mit teils sensiblen persönlichen Daten handelt (im Bereich der Gesundheitsförderung und psychologischer Hilfe), sind Zugriffe Dritter entsprechend zu regeln bzw. gänzlich zu unterbinden.

Die entsprechende Integration in das gegebene EDV-technische Umfeld, hier Microsoft Windows mit SQL Server, gilt es insbesondere bei der Gestaltung der Benutzeroberfläche (Look and Feel)[2] sowie der Anbindung an einen Datenbankserver zu beachten.

1.3   Vorgehensweise

Bei der Konzeption und Entwicklung von Software ist es wichtig, zunächst die betroffenen Geschäftsprozesse zu ermitteln, zu beleuchten und aufzuarbeiten. Nur so erhält man die Übersicht der beteiligten organisatorischen Einheiten bzw. die für den Betrieb zwingend notwendigen Funktionen des Programmes und kann diese dann entsprechend entwickeln.

Sind die Geschäftsprozesse bekannt, kann mit der eigentlichen Entwicklung begonnen werden. Dabei werden hier zunächst die Anforderungen der Administratoren in einem passenden grafischen Interface definiert und umgesetzt. Was dieses im Einzelnen können soll, ergibt sich aus den entsprechenden Geschäftsprozessen bzw. ergänzenden Wünschen der Mitarbeiter welche die Software später administrieren sollen. Ist die Entwicklung des administrativen Benutzer Front-End abgeschlossen, kann mit den Anpassun-

---

[2] Vgl. Balzert, Lehrbuch der Software-Technik, Seite 467

gen für den Standardbenutzer fortgefahren werden. Da dieses im Wesentlichen eine funktionsreduzierte Version des administrativen Benutzer Front-End darstellt, ist es nun von Vorteil, dieses bereits entwickelt zu haben. Die rein für den administrativen Bereich notwendigen Funktionen werden hier einfach ausgeblendet bzw. zur Reduzierung des Speichervolumens komplett entfernt. Parallel zu den Arbeiten an den GUIs (Graphic User Interfaces) der Benutzer und der Administratoren, werden im Hintergrund die notwendigen Tabellen in der Datenbank angelegt und zur Verfügung gestellt. Die Anzahl und der Aufbau der Tabellen bzw. deren entsprechende Beziehungen und Kardinalitäten ergeben sich ebenfalls aus den Geschäftsprozessen sowie der grundsätzlichen textuellen Aufgabenbeschreibung und der darin enthaltenen, für den Betrieb notwendigen Informationen.

2.   Geschäftsprozessanalyse

Die Prozessanalyse stellt ein sehr wichtiges und notwendiges Instrumentarium zur Planung um Umsetzung von Softwareprojekten dar. Wie bereits erwähnt, können durch sie die beteiligten Organisationseinheiten wie auch die Funktionen und notwendigen Bearbeitungsschritte ermittelt und dokumentiert werden. Dabei spielen insbesondere die fachliche Zusammenfassung einzelner Aktivitäten und die Beteiligung mehrerer organisatorischer Einheiten eine Rolle.[3]

Um die Geschäftsprozesse besser grafisch darzustellen, werden sogenannte ereignisgesteuerte Prozessketten (ePK) verwendet. Diese dienen dazu, die Prozessabläufe lesbar zu machen und Sachverhalte sowie Beziehungen bzw. Entscheidungsmöglichkeiten besser darzustellen als beispielsweise eine reine textuelle Problembeschreibung.[4]

Auslöser einer ePK ist i.d.R. immer ein Ereignis (außer bei extern aufgerufenen Prozessen), anschließend werden über Entscheidungsmöglichkeiten diverse Funktionen aufgerufen. Parallel dazu, werden die von den Funktio-

---

[3] Vgl. Forbig, Objektorientierte Softwareentwicklung, Seite 138
[4] Vgl. Laudon / Laudon / Schoder, Wirtschaftsinformatik – Eine Einführung, Seite 963

nen betroffenen Organisationseinheiten sowie die notwendigen Informationsobjekte (lesend und schreibend) dargestellt. Da es sich bei der Entwicklung eines solchen Programmes um einen sehr komplexen Vorgang mit einer Vielzahl von einzelnen Prozessen handelt, werden hier beispielhaft nur die wesentlichen Funktionen wie das Anmelden sowie das Vor- und Nachbereiten diskutiert. Während der Umsetzung der grafischen Benutzeroberflächen, werden die weiteren Funktionen - wie auch die Einrichtung der Oberflächen selbst - ausführlich dargestellt. Aufgrund des begrenzten Rahmens dieses Projektberichtes, soll aber in der Geschäftsprozessmodellierung darauf verzichtet werden.

Im Folgenden werden die einzelnen Geschäftsprozesse zunächst mittels einer textuellen Beschreibung analysiert und anschließend in einer ePK modelliert. Im späteren Entwicklungsstadium werden diese einzelnen Funktionen mittels einer datenbankgestützten Software realisiert und in eine entsprechende Benutzeroberfläche integriert.

2.1 Anmeldevorgang

Der Anmeldevorgang gestaltet sich in der Beschreibung recht simpel, bedingt aber ein paar notwendig zu integrierende Funktionen. Zunächst soll der Benutzer das Programm starten und seine Daten wie z.B. die Schulungsart, den Schulungstitel, Datum und Uhrzeit der Schulung sowie ergänzend seinen Namen und die Abteilung angeben. Anschließend werden die Eingaben auf Vollständigkeit und soweit möglich auf Plausibilität überprüft. Fehlen noch Angaben, so wird der Benutzer darauf hingewiesen und zur Eingabe der noch ausstehenden Informationen aufgefordert.

Im Folgenden wird dann anhand der bereits angemeldeten Teilnehmer und der in den Seminarparametern hinterlegten maximalen Teilnehmerzahl verifiziert, ob überhaupt noch freie Plätze vorhanden sind. Ist dies nicht der Fall, wird dem Benutzer die Wahl gelassen ob er seine Angaben anpassen möchte, z.B. durch einen anderen Termin/Uhrzeit, oder ob er das Programm beendet. Wurde die Buchung dann erfolgreich durchgeführt, erhält der Benutzer eine Bestätigung und die Organisation optional eine Nachricht.

Anhand der Modellierung ergeben sich nun für das Programm 3 wesentliche Sub – Routinen:

- Überprüfung der Eingaben im Anmeldeformular
- Überprüfung der freien Plätze
- Buchungsvorgang durchführen

Bei jeder dieser Funktionen sind Schnittstellen zur Datenbank erforderlich, zum Teil lesend (Eingabe, freie Plätze) aber selbstverständlich auch schreibend (Buchung). Zum Ende werden zwei Objekte als Information an den Mitarbeiter bzw. die Organisation erzeugt und übermittelt (Dokument o.ä.). Ergänzend sind zwei weitere Funktionsroutinen zu implementieren, welche den nächsten Schritt bei einem ausgebuchten Seminar abfragen bzw. am Ende das Programm ordnungsgemäß beenden.

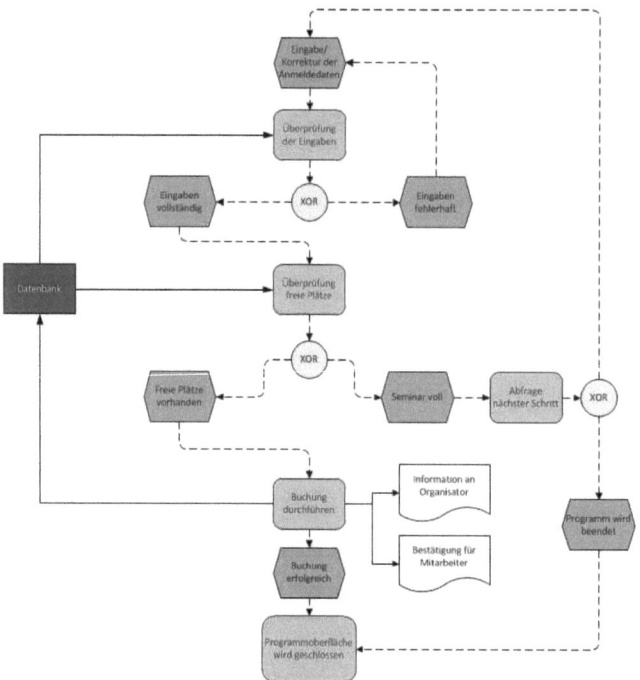

Abbildung 1: ePK Anmeldung

2.2 Vorbereitungsprozess der Veranstaltung

Jede Veranstaltung bzw. Fortbildung bedarf einiger vorbereitender Maßnahmen. Nicht nur der jeweilige Dozent muss sich seinen Ablauf, die Themen und eventuelle Aufgabenstellungen überlegen, sondern auch die administrativen Aufgaben im Hintergrund müssen entsprechend gewährleistet, und wenn möglich, weitestgehend automatisiert abgewickelt werden.

Auslöser dieser Prozesskette ist das Ende der Anmeldefrist, sie definiert die an der Veranstaltung teilnehmenden Mitarbeiter final. Ausgehend von dieser Information muss zunächst überprüft werden ob die geforderte Mindestteilnehmerzahl erreicht wird. Dieser Parameter wird direkt beim Anlegen der Veranstaltung definiert, die Funktion lässt sich also relativ leicht implementieren. Wird die geforderte Teilnehmerzahl nicht erreicht, wird automatisch an die angemeldeten Teilnehmer eine Information versandt, ansonsten werden zwei weitere Funktionen aufgerufen.

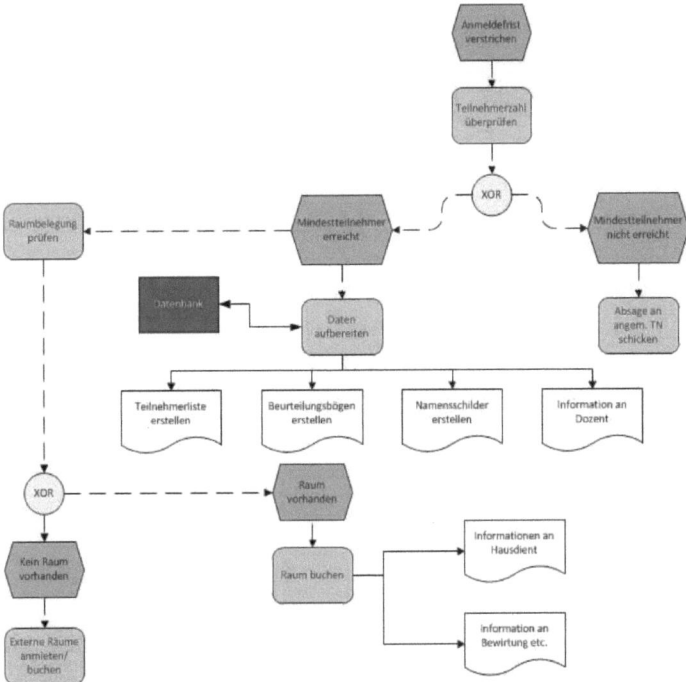

Abbildung 2: ePK Vorbereitung

Zunächst werden die Daten für Listen, Beurteilungsbögen und Namensschilder aufbereitet und dann zusammen mit den erweiterten Informationen (Uhrzeit, Datum, usw.) dem Dozenten zur Verfügung gestellt. Parallel dazu wird innerhalb des Hauses überprüft, ob entsprechende Räumlichkeiten zur Verfügung stehen oder ob evtl. extern dazu gebucht werden muss. Findet die Veranstaltung innerhalb statt, werden der Hausdienst (Bestuhlung, Pinnwand, etc.) sowie die Bewirtung zusätzlich über die Anforderungen informiert.

2.3 Nachbereitung und Auswertung

Im Nachgang jeder Schulung sind ebenfalls diverse Aufgaben zu erfüllen. Als Basis für alle weiteren Arbeiten, ist der Ausgangspunkt der, dass die Veranstaltung auch tatsächlich stattgefunden hat. Ausgehend davon, wird die vom Dozenten abgegebene Teilnehmerliste dahingehend überprüft,ob die angemeldeten Teilnehmer auch tatsächlich an der Veranstaltung teilgenommen haben. Ist dies nicht der Fall, werden die Daten in der Datenbank aktualisiert (z.B. nicht anwesende Teilnehmer löschen).

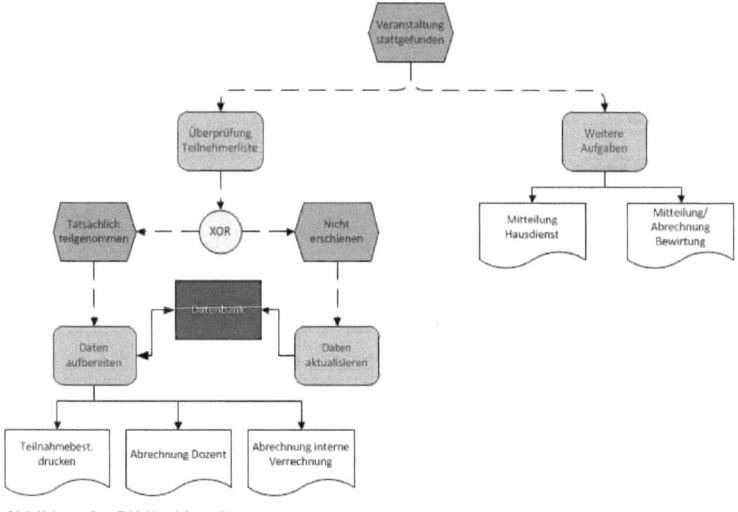

Abbildung 3: ePK Nachbereitung

Für alle anderen werden die Daten aggregiert und für diverse Bestätigungen und Abrechnungen aufbereitet. Der Teilnehmer erhält eine Teilnahmebescheinigung die parallel dazu als Kopie z.b. über eine Schnittstelle direkt an die Personalabteilung (Ablage Personalakte) weitergegeben werden kann. Der Dozent erhält die Abrechnung und Vergütung, ggf. abhängig der Teilnehmerzahl oder einen Festpreis. Zum Zwecke der internen Verrechnung (interne Budgetierung der Abteilungen) werden die Kosten der Veranstaltung den Abteilungsbudgets belastet.

Parallel zu den o.g. Aufgaben, gilt es natürlich auch den Raum (bei internen Veranstaltungen) per Anweisung an den Hausdienst wieder in seinen ursprünglichen Zustand zu versetzen. Das gleiche gilt ebenfalls für die Bewirtung, sofern diese dazu gebucht wurde.

3.   Konzeption

Nachdem nun die einzelnen Geschäftsprozesse modelliert sind, beginnt die Entwicklung des Programmes und der einzelnen GUIs. Der Startpunkt ist nach der textuellen Aufgabenbeschreibung grundsätzlich die Ermittlung der Entitäten und des entsprechenden ER Modells (Entity- Relationship-Model) zur Modellierung der Datenbank sowie deren Kardinalitäten. Auf Basis der Datenbank werden dann anschließend die Funktionen erzeugt und in eine grafisches Interface implementiert. Entgegen der „normalen" Reihenfolge, möchte ich hier zunächst die beiden Front-End (Benutzer und Administrator) und erst anschließend das Back-End näher erläutern.

Da zuerst die einzelnen Veranstaltungen, deren Inhalte sowie die entsprechenden Termine angelegt und eingegeben werden, möchte ich zunächst mit dem administrativen Front-End beginnen. Die Anwendung wurde auf Basis von Microsoft Access und Visual Basic for Applications (VBA) entwickelt. Das Back-End befindet sich auf einem Microsoft SQL Express Server und wird über eine ODBC (Open Database Connection) mittels einer im Verfahren integrierten Datei DSN (Data Source Name) angesteuert und verbunden.

Der Vorteil dieser Lösung liegt insbesondere im Look and Feel der Microsoft Office Umgebung. Sie ist dem Benutzer vertraut und somit leicht und intuitiv bedienbar. Der SQL Express Server bietet eine kostenlose und trotzdem entsprechend performante Lösung des Datenbankmanagements.

Die integrierte ODBC Schnittstelle macht eine automatisierte Verteilung auf den Netzwerkclient einfach und unkompliziert. Ändern sich Parameter der Schnittstelle (Servername, Instanz- oder Datenbankname, etc.) sind diese einfach zu ändern und neu zu verteilen.

3.1 Administratives Benutzer Front-End

Bei der Konzeption und späteren Umsetzung des administrativen Benutzer Front-End werde ich zunächst die grafische Oberfläche kurz beschreiben um dann anschließend näher auf die einzelnen Funktionen des jeweiligen Fensters einzugehen. Die zentralen Funktionen werden im allgemeinen Benutzer-Front-End dargelegt, während hier zunächst nur die speziell für den administrativen Betrieb notwendigen Funktionen näher erläutert werden.

3.1.1 Grafische Benutzeroberfläche

Zunächst soll hier erwähnt werden, dass die beiden Oberflächen im Erscheinungsbild nahezu identisch sind und grundsätzlich über den gleichen Funktionsumfang verfügen. Der Unterschied in beiden Front-Ends ist der, dass im späteren allgemeinen Benutzer Front-End einzelne Schaltflächen einfach ausgeblendet werden. Dies hat den Vorteil, dass die Entwicklung und Implementierung neuer Funktionen nur einmal vorgenommen werden (egal in welchem Front-End) und die betroffenen Formulare, Abfragen und Code-Listings jeweils in die andere Version kopiert werden müssen.

3.1.1.1 Darstellung

Beim Start der Anwendung sieht der Benutzer zunächst die erste Maske in der sich neben der für die Administration wichtigen „Bearbeitung" auch die allgemeine Informationen/Funktionen (Hinweise, Gesamtprogramm und Anmeldung) befinden.

Abbildung 4: Screenshot Startbildschirm Admin Front-End

Durch klicken auf die entsprechende Schaltfläche wird der Bearbeitungsmodus aufgerufen.

Abbildung 5: Screenshot Bearbeitungsmodus

3.1.1.2 Funktionsumfang

Wie bereits in den vorherigen Kapiteln beschrieben, gilt es speziell für die Organisation die einzelnen Geschäftsprozesse der Vor- und Nachbereitung zu implementieren. Alle weiteren Funktionen werden in diesem Abschnitt nur kurz angesprochen, sind aber in der Anwendung voll funktionsfähig und die entsprechenden Screenshots im Anhang dokumentiert sowie in der Funktion selbsterklärend.

Vor jeder Veranstaltung steht die Erfassung der selbigen, sowie deren dazugehörigen einzelner Parameter. Über den Button „Neue Schulung erfassen" wir die entsprechende Maske aufgerufen und kann mit Informationen gefüllt werden. Neben den speziellen Schulungsparametern werden diese im Landratsamt X in fünf verschiedene Hauptarten unterteilt:

- EDV-spezifische Schulungen
- Veranstaltungen zur Gesundheitsförderung und Arbeitsschutz
- Seminare zu diversen methodischen Themen
- Funktion als Sitzungsdienstprogramm

Die Unterscheidung dient vor Allem zur Kategorisierung und besseren Übersichtlichkeit für die Mitarbeiter, aber auch als Auswertungsmöglichkeit der einzelnen Themengebiete.

Neue Schulung erfassen

| Schulung (Bsp. Excel 1) | Schulungsart |
| | EDV |

| Schulungstitel (Bsp. Grundlagen der Tabellenkalkulation) | Personenkreis |

| Schulungsinhalt 1 | Mindestteilnehmerzahl | Maximale Anzahl Teilnehmer |

| Schulungsinhalt 2 | Zeitaufwand | Dozent |

| Schulungsinhalt 3 | Gesamtkosten / Teilnehmer |

| Schulungsinhalt 4 | Bemerkungen |

| Schulungsinhalt 5 |

Beschreibung

| zurück | Termine einpflegen | Schulung erfassen |

Abbildung 6: Screenshot Schulung erfassen

Durch die Bestätigung „Schulung erfassen" wird diese in der Datenbank ge-
speichert und man kann direkt die entsprechenden Termine zu dieser Veranstaltung erfassen.

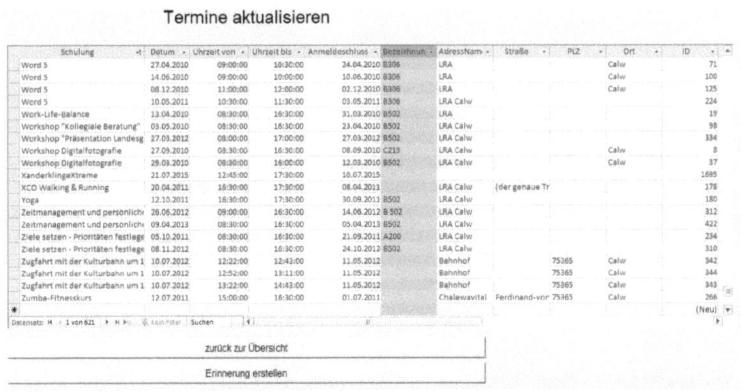

Termine aktualisieren

Schulung	Datum	Uhrzeit von	Uhrzeit bis	Anmeldeschluss	Bezeichnung	AdressNam	Straße	PLZ	Ort	ID
Word 5	27.04.2010	09:00:00	10:30:00	24.04.2010	B306	LRA			Calw	71
Word 5	14.06.2010	09:00:00	10:00:00	10.06.2010	B306	LRA			Calw	100
Word 5	08.12.2010	11:00:00	12:00:00	02.12.2010	B306	LRA			Calw	125
Word 5	10.05.2011	10:30:00	11:30:00	03.05.2011	B306	LRA Calw				224
Work-Life-Balance	13.04.2010	08:30:00	16:30:00	31.03.2010	B502	LRA				19
Workshop "kollegiale Beratung"	03.05.2010	08:30:00	16:30:00	23.04.2010	B502	LRA Calw				98
Workshop "Präsentation Landesg	27.03.2012	08:00:00	17:00:00	27.03.2012	B502	LRA Calw				334
Workshop Digitalfotografie	27.09.2010	08:30:00	16:30:00	08.09.2010	C213	LRA Calw			Calw	8
Workshop Digitalfotografie	29.03.2010	08:30:00	16:00:00	12.03.2010	B502	LRA Calw			Calw	37
Xanderklingextreme	21.07.2015	12:45:00	17:30:00	10.07.2015		LRA Calw				1695
XCO Walking & Running	20.04.2011	16:30:00	17:30:00	08.04.2011		LRA Calw	(der genaue Tr			178
Yoga	12.10.2011	16:30:00	17:30:00	30.09.2011	B502	LRA Calw				180
Zeitmanagement und persönlich	26.06.2012	09:00:00	16:30:00	14.06.2012	B 302	LRA Calw				312
Zeitmanagement und persönlich	09.04.2013	08:30:00	16:30:00	05.04.2013	B502	LRA Calw				422
Ziele setzen - Prioritäten festlege	05.10.2011	08:30:00	16:30:00	21.09.2011	A200	LRA Calw				234
Ziele setzen - Prioritäten festlege	08.11.2012	08:30:00	16:30:00	24.10.2012	B502	LRA Calw				310
Zugfahrt mit der Kulturbahn um 1	10.07.2012	12:22:00	12:43:00	11.05.2012		Bahnhof		75365	Calw	342
Zugfahrt mit der Kulturbahn um 1	10.07.2012	12:52:00	13:11:00	11.05.2012		Bahnhof		75365	Calw	344
Zugfahrt mit der Kulturbahn um 1	10.07.2012	13:22:00	14:43:00	11.05.2012		Bahnhof		75365	Calw	343
Zumba-Fitnesskurs	12.07.2011	15:00:00	16:30:00	01.07.2011		Chalewavital	Ferdinand-von	75365	Calw	266
*										(Neu)

Datensatz: 1 von 621 | Kein Filter | Suchen

zurück zur Übersicht

Erinnerung erstellen

Abbildung 7: Screenshot Termine erstellen

Hierbei ist insbesondere der Anmeldeschluss zu beachten, da dieser später
als Abfragekriterium für das anzuzeigende Gesamtprogramm wichtig ist
(Anmeldeschluss < heutiges Datum). Der Button „Erinnerung erstellen" star-
tet ein VBA Skript welches direkt in Microsoft Outlook eine Aufgabe erstellt
und den Benutzer an die Schulung bzw. die noch zu erledigenden Arbeiten
erinnern soll.

```
Sub WIVO()
' Variablen deklarieren
Dim appOutLook As Outlook.Application
Dim taskOutLook As Outlook.TaskItem
'Betreff der Outlook Aufgabe eingeben
Titel = InputBox("Bitte geben Sie einen Betreff für die Aufgabe ein.", "Aufgabenbetreff")

        If Titel = "" Then
        MsgBox ("Es wurde kein Betreff eingegeben.")
        Exit Sub
        Else
```

```vba
        Datum = InputBox("Bitte geben Sie ein Fälligkeitsdatum ein." & vbCr & vbCr & "Ein-
gabeformat: 01.01.2016", "Fälligkeitsdatum")
            If Datum = "" Then
            MsgBox ("Es wurde kein Datum eingetragen.")
            Exit Sub
            End If
        End If


Inhalt = InputBox("Wenn Sie möchten, können Sie jetzt noch" & vbCr & "ergänzenden Text
in die Aufgabe eintragen." _
& vbCr & vbCr & "Sie können diesen Punkt aber auch einfach überspringen.")

    ' Verbindung zu Outlook herstellen
    Set appOutLook = CreateObject("Outlook.Application")

    ' Ankündigen, dass eine Aufgabe erstellt werden soll
    Set taskOutLook = appOutLook.CreateItem(olTaskItem)

    With taskOutLook

        .Subject = Titel
        .Body = Inhalt
        .Importance = olImportanceNormal
        .DueDate = Datum
        .StartDate = Datum
        .ReminderSet = True
        .Save



    MsgBox ("Ihre Aufgabe wurde erfolgreich in Ihrem Outlook eingetragen.")
    End With

    ' Verbindung zu Outlook trennen
    Set taskOutLook = Nothing
    Set appOutLook = Nothing
End Sub
```

Abbildung 8: Codelisting Wiedervorlage Outlook

Damit sind die wichtigsten Punkte beim Erstellen einer neuen Veranstaltung abgedeckt. Der Anmeldevorgang (wird später im Benutzer FE erläutert) könnte prinzipiell gestartet werden.

Nun beginnt die Entwicklung der im Geschäftsprozess „Vorbereitung" definierten Funktionen. Die Anzahl angemeldeter Teilnehmer lässt sich mittels einer Abfrage relativ leicht ermitteln und darstellen. Um gleich mehrere Funktionen zu vereinen, wird die Abfrage als Bericht in eine fertige Teilnehmerliste umgewandelt. Der Administrator sieht auf einen Blick die Teilnehmer sowie deren Abteilung, kann diese Liste gleich ausdrucken und für den Dozenten verwenden. Über den Menüpunkt „Vorbereitung" können entsprechende Folgefunktionen ausgewählt werden.

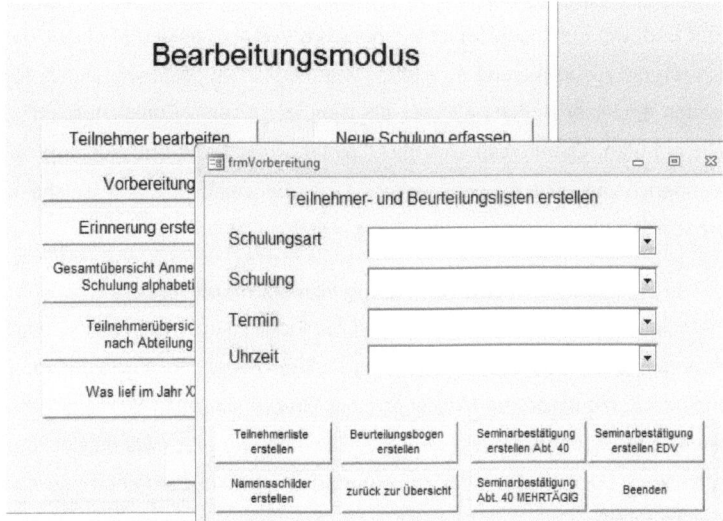

Abbildung 9: Screenshot Vorbereitung

Die Basis der Berichte bildet immer wieder die gleiche Abfrage, welche der User selbst über die Kombinationsschaltflächen individuell auswählen kann (Schulungsart, Schulung, Termin und Uhrzeit). Je nach Auswahl können nun anhand des Abfrageergebnisses Teilnehmerlisten, Beurteilungsbögen bzw. verschiedene Seminarbestätigungen und Namensschilder per Bericht generiert werden.

Diese dienen u.a. dazu, den Hausdienst und die Raumbuchung als auch den Dozenten selbst mit entsprechenden Informationen bzw. Aufträgen auszustatten. Damit werden die Funktionen der Vorbereitung abgedeckt und dem organisierenden einen Großteil der Arbeit abgenommen.

Ergänzend werden im Bearbeitungsmodus noch weitere separate Auswertungs- und Informationstools implementiert (Auswertung pro Abteilung, Übersicht aller Schulungsteilnehmer usw.).

3.1.2 Zugriffsschutz und Benutzerverwaltung

Damit nicht jeder User, sondern nur berechtigte Administratoren, Schulungen anlegen und bearbeiten sowie Teilnehmer löschen oder ergänzen können, gibt es die bereits angesprochene Trennung von Benutzer und Administrator Front End. Die Funktionalität ist wie bereits erwähnt in beiden Modulen identisch um die Aktualisierung so einfach wie möglich zu gestalten. Durch Ausblenden einzelner Buttons können die Benutzer diverse Funktionen einfach nicht aufrufen. Damit man sich nicht einfach das Front-End kopieren und verändern kann, gibt es zwei weitere Sicherheitsmechanismen welche ich kurz vorstellen möchte.

3.1.2.1 Interne Rechteverwaltung von Microsoft Access

Innerhalb von Microsoft Access besteht die Möglichkeit, bestimmte Gruppen anzulegen und diese mit entsprechenden Berechtigungen auszustatten. So können z.B. die einzelnen Mitglieder einer Gruppe für jedes Formular, jeden Bericht oder Abfrage einzeln berechtigt werden. So ist gewährleistet, dass die Nutzer z.B. „nur" lesen dürfen, während die Administratorengruppe auch schreiben darf.

Auch ist es möglich, die Anwendung direkt in einem geschützten Modus zu starten, so sind z.B. die Menüleiste und der Navigationsbereich standardmäßig ausgeblendet (und bleiben es auch).

3.1.2.2   Zugriffsverwaltung am SQL Server

Zusätzlich zu der internen Rechteverwaltung besteht immer noch die Möglichkeit, direkt am SQL Server die Zugriffsberechtigungen pro Tabelle zu steuern. So können dort Parameter hinterlegt werden, welche dem Benutzer z.B. den Zugriff auf Terminverwaltung und Schulungsinhalte verweigern. Am einfachsten geschieht dies über die Windows eigenen Gruppen (ActiveDirectory Gruppen). Das hat zum einen den Vorteil, sich unnötige SQL Server Authentifizierungen zu sparen und bietet weiter die Möglichkeit, bei der Verwendung der Anwendung über einen SSO (Single Sign On) zu arbeiten um sich diverse Anmeldeprozeduren zu ersparen.[5]

3.2   Allgemeines Benutzer Front-End

Die administrativen Funktionen wurden bereits erläutert, jetzt geht es um die Möglichkeiten des Standardbenutzers. Diese bestehen hauptsächlich aus den beiden Punkten Information und Anmeldung. Zunächst muss dem Benutzer eine ansprechende, intuitiv zu bedienende Oberfläche geboten werden, welche sowohl über die allgemeinen Hinweise wie auch die angebotenen Veranstaltungen informiert. Zusätzlich soll hier noch eine Möglichkeit implementiert werden, die das komplette Programm als Druckversion erzeugt (bzw. als pdf versendbar macht).

Der zweite Punkt ist die Buchungsmöglichkeit der einzelnen Veranstaltungen. Beide Punkte müssen den Anforderungen an Benutzeroberflächen in der Softwareentwicklung entsprechen, d.h. sie sollen eine gewisse Vertrautheit in der Interaktion mit dem Benutzer herstellen und in den Aktionen konsistent sein. Zudem sind ein zuverlässiges Fehlermanagement und aussagekräftige Meldungen in demselben notwendig.[6]

3.2.1   Grafische Benutzeroberfläche

Die einzelnen Punkte bezüglich der beiden Oberflächen wurden bereits erwähnt. Alle funktionalen Punkte des allgemeinen Benutzer Front-End sind ebenfalls im administrativen Front-End enthalten.

---

[5] Vgl. Dröge / Raatz, MS SQL Server 2008, Seite 100
[6] Vgl. Sommerville, Software Engineering, Seite 340 ff

3.2.1.1 Darstellung

Der Einstieg in die Anwendung ist ähnlich dem administrativen Front-End und unterscheidet sich nur äußerlich in der Anordnung der einzelnen Buttons, sowie der Hintergrundfarbe. Die Möglichkeit des Bearbeitungsmodus ist hier selbstverständlich ausgeblendet bzw. nicht aktiviert.

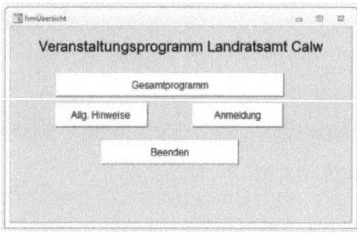

Abbildung 10: Screenshot Startbildschirm Benutzer Front-End

Der Benutzer kann sich nun über die allgemeine Vorgehensweise, Abrechnung und Ansprechpartner informieren. Durch klicken auf den Button „Allg. hinweise" erscheint ein Bericht welcher die bereitgestellten Informationen enthält.

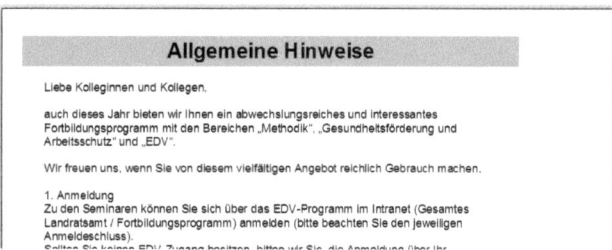

Abbildung 11: Screenshot Allgemeine Hinweise

Sind nun alle Fragen beantwortet, so kann der Benutzer sich über den Button Gesamtprogramm einen Überblick über die jeweiligen Themengebiete verschaffen bzw. sich das Gesamtprogramm als Druckversion ausgeben lassen. Basis dieser Funktionen, sind jeweils Abfragen mit den Parametern der jeweiligen Schulungsart. Diese Abfrage wird dann in einem Bericht dargestellt und kann vom Benutzer ausgedruckt bzw. über die Navigationsschaltflächen durchstöbert werden. Das Gesamtprogramm ist eine Kombination der einzelnen Berichte je Schulungsart zzgl. den allgemeinen Hinweisen.

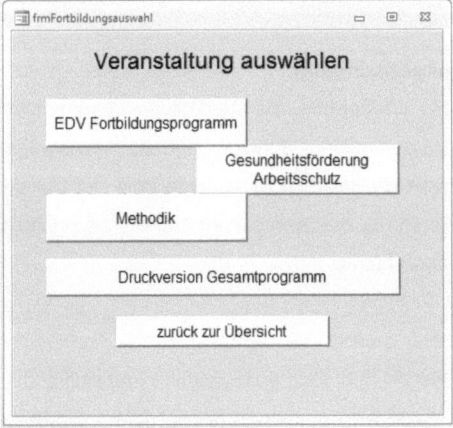

Abbildung 12: Screenshot Auswahl Themengebiet

Nach der Auswahl des Themengebietes (s.a. Art der Veranstaltung) mittels Auswahl des Buttons, erscheint der angesprochene Bericht aller in diesem Bereich angebotenen Veranstaltungen sowie deren einzelner Parameter.

Abbildung 13: Screenshot Veranstaltung Erste Hilfe

Die einzelnen Screenshots der Anmeldefunktion werden aufgrund dessen, dass es sich um die zentrale Funktion des Benutzer Front-Ends handelt, im Punkt Funktionsumfang ausführlich dargestellt.

3.2.1.2 Funktionsumfang

Neben den bereits im Bereich der Darstellung dokumentierten Funktionen wie z.B. das Aufrufen einzelner Schulungsinhalte, sowie der Möglichkeit eine komplette Druckversion als Bericht zu erzeugen, ist der Anmeldevorgang doch der zentrale Punkt des kompletten Veranstaltungsmanagements und bedarf näherer Betrachtung.

Über das Startmenü gelangt der Benutzer in das Anmeldeformular um dort dann seine spezifische Schulung auszuwählen und sich anzumelden. Für die Erläuterung der einzelnen Funktionen ist die differenzierte Ansicht des Formularentwurfs innerhalb von Microsoft Access interessant.

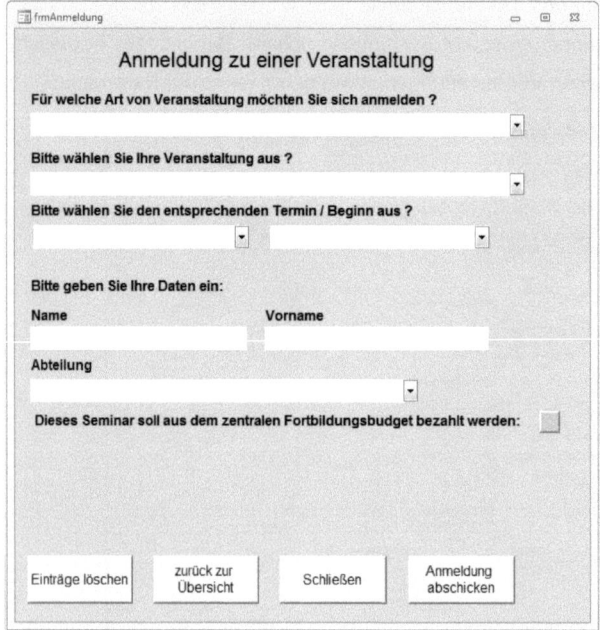

Abbildung 14: Formularansicht Anmeldung

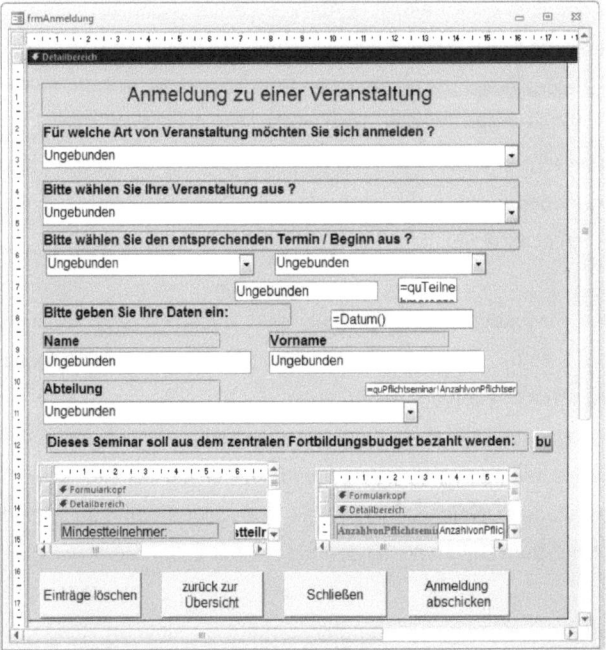

Abbildung 15: Entwurfsansicht Anmeldung

Die einzelnen Felder erklären sich anhand der Beschriftung von selbst, allerdings sei darauf hingewiesen, dass die Basis des Kombinationsfeldes „Art der Veranstaltung" nicht direkt die Tabelle Arten ist, sondern eine im Benutzer Front-End eigens erstellte Abfrage. Dies hat den Vorteil, dass die Administratoren das Programm auch als Sitzungsdienst verwenden können, ohne dass der „normale" Benutzer dies erkennt. Während dieser hier nur die Standardarten (EDV, Gesundheitsförderung und Methodik) auswählen kann, sind die Administratoren in der Lage, die Funktionalitäten auch für einzelne Sitzungen unabhängig vom eigentlichen Veranstaltungsmanagement zu nutzen. So können Sitzung unsichtbar für den Benutzer angelegt und dafür Teilnehmerlisten, Namensschilder und Beurteilungsbögen erstellt werden (alles im Admin Front-End).

Die Basis des Formulars bilden einzelne Abfragen anhand der Auswahl des jeweiligen Kontrollfeldes, der Trick dabei ist, dass das Formular nach jeder Änderung eines Feldes quasi mit veränderten Parametern neu geladen wird. Dies hat zur Folge, dass nach der Auswahl der Art „EDV" im Veranstaltungsfeld logischerweise nur Veranstaltungen mit dem Parameter Art = EDV ausgegeben werden. So spart sich der Benutzer Zeit und kann schneller die für ihn richtige Schulung auswählen.

Natürlich werden insgesamt nur Veranstaltungen angezeigt welche auch aktuell buchbar sind. Hierzu dient der bereits angesprochene Anmeldeschluss, welcher ebenfalls als Kriterium der Abfrage verwendet wird. So werden auch nur Veranstaltungen angezeigt, bei denen der Anmeldeschluss kleiner oder gleich dem heutigen Datum ist. Da es auch mehrere Veranstaltungen gleicher Art an ein und demselben Tag geben kann, wird zusätzlich zum Datum auch noch die Uhrzeit abgefragt.

Nach der Auswahl der einzelnen Parameter, werden am unteren Rand des Anmeldefensters die aktuellen Informationen zur Veranstaltung angezeigt. So weiß der Benutzer immer sofort ob eine Schulung bereits ausgebucht ist, bzw. ob sie aufgrund zu geringer Teilnehmerzahlen evtl. gar nicht stattfindet.

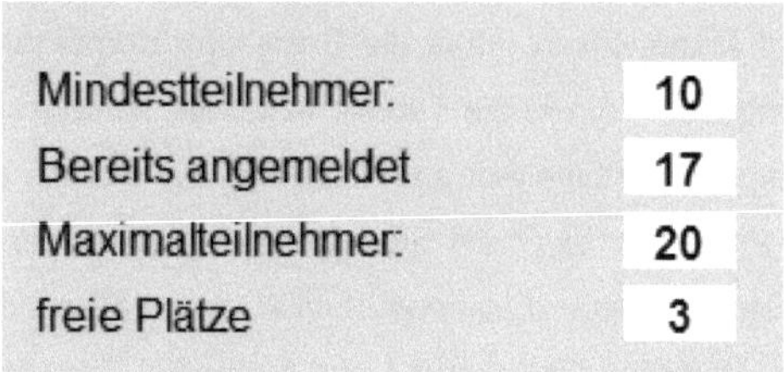

Mindestteilnehmer:	10
Bereits angemeldet	17
Maximalteilnehmer:	20
freie Plätze	3

Abbildung 16: Screenshot Teilnehmerinformation

Neben den Eingaben zur Person und der Abteilung gibt es im Landratsamt X noch eine Besonderheit. Die Mitarbeiter haben die Möglichkeit pro Kalenderjahr einen Kurs aus dem zentralen Fortbildungsbudget bezahlen zu lassen. Dies hat den Vorteil, dass die Weiterbildung des Einzelnen nicht am Budget der Abteilung scheitert.

Durch den Klick auf den Button wird diese Anmeldung als „zentrale Fortbildung" gekennzeichnet und automatisch aus dem zentralen Budget bezahlt. In den Abfragen wird oft der Begriff Pflichtseminar verwendet, dies ist der ersten Funktionsbeschreibung durch die Organisation geschuldet. Um den Mitarbeiter nicht zu verwirren, wurde die sichtbare Anzeige in „zentrales Fortbildungsbudget" abgeändert.

Nach der Eingabe des Vor- und Nachnamens wird im Hintergrund überprüft, ob dieser bereits die Möglichkeit der zentralen Fortbildung in Anspruch genommen hat. Ein entsprechendes Unterformular (nur sichtbar im Entwurfsmodus) wird mit dem Wert der bereits vom Benutzer besuchten zentralen Seminare befüllt. Das ist entweder der Wert 0 wenn bisher noch kein entsprechendes Seminar besucht wurde, oder der Wert 1 als Ergebnis der Anzahl besuchter „zentraler" Seminare. In diesem Fall wird der Button einfach ausgeblendet, so besteht die Möglichkeit einer doppelten Nutzung nicht mehr.

Im Zuge einer guten Verwendbarkeit, sprich der Usability des Produktes, gilt es dem Benutzer eine möglichst angenehme Art der Navigation innerhalb der Anwendung zu bieten. Dazu gehören auch die integrierten Schaltfächen „Zurück" sowie die Möglichkeit Einträge zu Korrekturzwecken wieder zu entfernen.[7]

Der Button „Anmeldung abschicken" ist der zentrale Punkt der Anmeldemaske. Er validiert die Eingaben und prüft soweit es möglich ist auf Plausibilität. Die ausgewählte Schulungsart, die Schulung selbst sowie Datum und Uhrzeit werden bereits vom System vorgefiltert und können quasi nicht falsch, sondern deren Eingabe nur vergessen werden. Ist dies der Fall, wird ein entsprechender Hinweis angezeigt und der Fokus direkt auf das noch zu befüllende Feld gesetzt.

---

[7] Vgl. Sommerville, Software Engineering, Seite 341 ff

```
'Prüfung ob Einträge vollständig sind

If Me.comboArt.Value = "" Then
MsgBox ("Es ist ein Fehler aufgetreten, es wurde keine Schulungsart ausgewählt.")
Me.comboArt.SetFocus
Exit Sub
```

Abbildung 17: Codelisting Überprüfung der Eingabe „Art"

Sind alle Einträge vollständig, gibt das Programm am Ende eine Übersicht der gewählten Parameter aus. So kann der Benutzer seine Eingaben nochmals überprüfen und gegebenenfalls korrigieren.

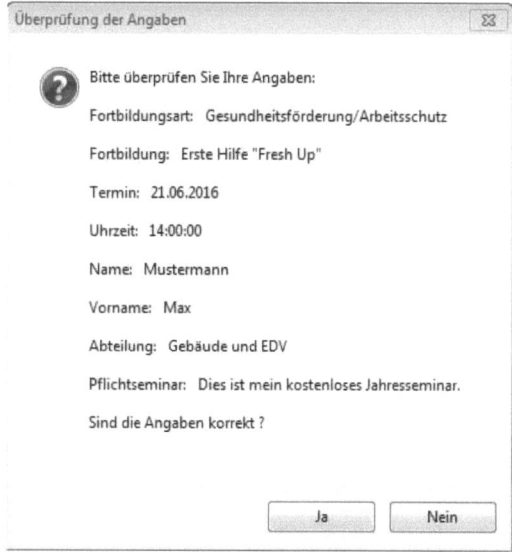

Abbildung 18: Screenshot Eingabebestätigung

Wird die Auswahl bestätigt, schreibt die Anwendung den Datensatz in die entsprechende Anmeldetabelle in der Datenbank. Der Anmeldevorgang wurde erfolgreich abgeschlossen.

3.3 Datenbankbasiertes Back-End

Bisher wurden ausschließlich die grafischen Benutzeroberflächen und deren Funktionen besprochen. Wichtiger als die grafische Darstellung ist aber die eigentliche Struktur der Daten sowie deren Ablage in einem performanten System.

Die Modellierung der Daten erfolgt in der Regel am Anfang der Entwicklung einer neuen Software anhand der textuellen Beschreibung der Aufgabe. Die Funktionalität der Anwendung bzw. der notwendigen Subfunktionen wurden anhand der einzelnen Geschäftsprozesse ermittelt, mittels ePKs modelliert, dokumentiert und hier bereits implementiert. Parallel, oder besser noch vor der prozeduralen Darstellung einzelner Aufgaben, müssen für die Modellierung der Datenbankstruktur die Entitäten sowie deren einzelner Kardinalitäten ermittelt und in geeigneter Weise modelliert werden.

Für diesen Zweck wurde das Entitiy-Relationship-Modell (ERM) entwickelt. Es dient dazu, die Dinge realer Existenz sowie deren Attribute und Beziehungen (Kardinalitäten) untereinander darzustellen.[8] Das fertige ER-Modell kann dann in ein relationales Datenmodell übertragen werden, welches die Basis für die eigentlichen Datentabellen innerhalb des Datenbankmanagementsystems bildet.

Gerade während dieser Transformation ins Relationenmodell ergeben sich oftmals Redundanzen, welche es im Hinblick auf die spätere Performanz der Datenbank gilt auszuschließen. Um diese zu verhindern, werden diverse Regeln zur Normalisierung der einzelnen Relationen (Definitionen nach Schicker)[9] angewandt:

Erste Normalform:	*Eine Relation ist in der ersten Normalform, wenn alle zugrundeliegenden Gebiete nur atomare Werte enthalten.[9]*

---

[8] Vgl. Elmasri / Navathe, Grundlagen von Datenbanksystemen, Seite 62 ff
[9] Schicker, Datenbanken und SQL, Seite 57 ff

Zweite Normalform:	Eine Relation ist in der zweiten Normalform, wenn Sie in der ersten Normalform ist, und jedes Nichtschlüsselattribut voll funktional vom Primärschlüssel abhängt.[9]

Dritte Normalform nach Codd:	Eine Relation ist in der dritten Normalform (nach Codd) wenn sie sich in der zweiten Normalform befindet und jedes Nichtschlüsselattribut nicht transitiv vom Primärschlüssel abhängt.[9]

Nach der Normalisierung der Relationen sind diese entsprechend korrigiert und können nun ohne befürchtete Redundanzen und Performanzverlust befüllt werden.

3.3.1 Anforderungen an Performanz

Bei der Qualitätsbemessung einer selbst entwickelten Anwendung werden immer wieder die Schlagworte Usability und Performanz genannt. Während sich die Usability mit der Effektivität und der Effizienz der Anwendung sowie der Zufriedenheit des Benutzers im Umgang mit dieser beschäftigt[10], zielt die Performanz auf die grundsätzliche Leistungsfähigkeit wie z.B. die Rückgabegeschwindigkeit der Informationen an den Benutzer ab. Nicht zuletzt deshalb bildet eine entsprechende Performanz die Grundlage für einen zufriedenen Benutzer und eine dementsprechende Akzeptanz unter den Anwendern.

Wie bereits oben erwähnt, kann man durch eine entsprechend definierte Relationenstruktur die Basis für gute Reaktionsgeschwindigkeiten beim Datenbankzugriff erzielen. Da das Benutzer Front-End aufgrund des Look and Feel der Microsoft Office Oberfläche in Access entwickelt wurde, dieses aber kein geeignetes Datenbankmanagementsystem für hohe Zugriffszahlen darstellt, wurde das Back-End auf einen Microsoft SQL-Server migriert. So ist seitens der Datenbanksoftware in Puncto Zugriffsgeschwindigkeit, auch bei einer höheren Nutzeranzahl, eine entsprechende Performanz gewährleistet. Auf der beigelegten CD befindet sich eine funktionsfähige Version des Program-

---

[10] Vgl. Grechenig / Bernhardt / Breiteneder / Kappel, Softwaretechnik, Seite 522

mes (Admin und Benutzer Front-End). Die Tabellen wurden hierbei zwecks funktionaler Aspekte in lokale Tabellen konvertiert. Im Echtbetrieb befinden sich diese auf dem SQL-Server und beide Front-Ends greifen selbstverständlich auf dieselben Daten zu.

3.3.2 Anforderungen an Datensicherheit und -schutz

Genau wie beim bereits beschriebenen Zugriffsschutz und der Rechteverwaltung innerhalb der Anwendung müssen auch die Punkte Datensicherheit sowie der Datenschutz gewährleistet werden. Um diese Punkte zufriedenstellend zu berücksichtigen, müssen zunächst beide Begriffe näher erläutert werden.

Die Datensicherheit beschäftigt sich insbesondere mit der Verhinderung von Verlust, Diebstahl und Verfälschung der Daten.[11] In der konkreten Anwendung sind diese Punkte etwas schwieriger umzusetzen, da der Benutzer ja ein zwingendes Schreibrecht auf die Tabelle der Anmeldungen erhalten muss. Gelöst wurde die Verhinderung der Verfälschung dadurch, dass der Benutzer nur Datensätze anfügen und nicht mehr verändern oder löschen darf. Dies können nur die speziell berechtigten Administratoren. Der Zugriffschutz innerhalb von MS Access gewährleistet, dass für den Benutzer keine anderen Daten sichtbar und somit auch nicht extrahiert und entfernt werden können. Die Wartungspläne innerhalb des SQL Servers bietet die Möglichkeit einer automatisierten (vollständigen oder inkrementellen) Sicherung der Datenbank.

Der Datenschutz beschreibt alle gesetzlichen und betriebsinternen Maßnahmen um den einzelnen Personen die Möglichkeit der informationellen Selbstbestimmung zu ermöglichen[12], d.h. jeder sollte das Recht haben zu entscheiden, welche Informationen über ihn veröffentlicht werden. Im Veranstaltungsmanagement sind die Datentabellen für die anderen Personen nicht sichtbar, somit wissen die anderen Benutzer nicht, wer sich für welche Ver-

---

[11] Vgl. Hansen / Neumann, Wirtschaftsinformatik 1, Seite 384
[12] Vgl. Hansen / Neumann, Wirtschaftsinformatik 1, Seite 418

anstaltung angemeldet hat. Auch bei der Ermittlung der bereits vergebenen Seminarplätze wird nur die Anzahl der Personen und keine weiteren Daten angezeigt. Die Ausnahme bilden hierbei natürlich die Administratoren welche Teilnehmerlisten u.ä. erstellen und verwenden.

4. Schlussbetrachtung

Am Ende möchte ich nun ergänzende Bereiche kurz ansprechen um eventuelle Möglichkeiten der Weiterverwendung darzustellen bzw. entsprechende Erweiterungsmöglichkeiten und Schnittstellen vorstellen.

4.1 Schnittstellenmanagement

Die Frage nach eventuellen sinnvollen Schnittstellen zum Veranstaltungsmanagement lässt sich in etwa mit einer Art der horizontalen Integration von Daten beantworten, d.h. was kommt vor und was kommt nach der Anwendung und wie können Daten integriert bzw. extrahiert werden? Die Implementierung von Schnittstellen im Programm dient schließlich der Weiterverwertbarkeit von Informationen (nachher) bzw. deren automatisierter Integration (vorher). Anhand der beiden „Enden" der Anwendung, möchte ich ein paar Möglichkeiten für eventuelle Schnittstellen aufzeigen.

4.1.1 Vorgelagerte Schnittstellen

Bei den vorgelagerten Schnittstellen bieten sich hier nur bedingt Möglichkeiten, da die meisten Daten ja direkt im Programm (Schulungen, Termine, etc.) eingepflegt und auch nur dort verwendet werden. Um sich die Eingabe diverser notwendiger Einzeldaten zu ersparen, wären Schnittstellen zum Personalprogramm bzw. zur Organisationsübersicht sinnvoll. So könnte der Anwender seinen Namen direkt auswählen und müsste ihn nicht selbst eingeben. Diese hätte den zusätzlichen Nutzen, Fehler bei der Eingabe zu vermeiden.

Die Komplementärdaten wie die zugehörige Abteilung, die Kostenstellen, Zimmer und Telefonnummer würden automatisch im Programm hinterlegt. Diese Integration zusätzlicher Informationen bietet auch für die nachgelagerten Schnittstellen Vorteile (Bsp. Verrechnung der Veranstaltungskosten).

4.1.2 Nachgelagerte Schnittstellen

Nachdem die Veranstaltung besucht wurde, beschäftigen sich die Administratoren mit der Nachbereitung derselben, d.h. die Anwendung erzeugt die entsprechenden Seminarbestätigungen, sowie Informationsblätter für die Verrechnung auf die Budgets der Abteilungen bzw. die Anweisung an das Kassensystem, den Dozenten zu bezahlen. Um diese Arbeiten zu erleichtern, können diese angesprochenen Schritte bereits von der Anwendung selbst automatisiert erledigt werden.

Mögliche Schnittstellen bieten sich hierbei für die Abrechnungsaufgaben und die elektronische Personalakte. In letzterer wäre es sinnvoll, die Seminarbestätigung direkt nach der Teilnahme der entsprechenden Veranstaltung direkt abzulegen. Gerade bei internen Bewerbungen werden die Personalakten und insbesondere die besuchten Qualifizierungsmaßnahmen zu Rate gezogen. Der Mitarbeiter selbst und die Personalabteilung hätten somit nicht die zusätzliche Aufgabe, die Bestätigung abzulegen bzw. dafür zu sorgen, dass diese abgelegt wird.

Zur Abrechnung der Veranstaltung (Raummiete, Dozentenvergütung, Verrechnung auf Abteilungsbudgets) ist eine Schnittstelle zum Kassensystem wie z.B. SAP sinnvoll. Die notwendigen Daten sind bereits im Programm hinterlegt. Die Kosten der jeweiligen Veranstaltung werden auf die Abteilungen der einzelnen Teilnehmer (sofern nicht aus dem zentralen Budget bezahlt) verrechnet. Ebenso können Einzelkosten wie die Raummiete verrechnet werden. Der Dozent bekommt die vereinbarte Verfügung (Pauschal oder nach Teilnehmern) direkt überwiesen. Allein durch die Implementierung der Kassenschnittstelle und der Übergabe der notwendigen Daten können somit noch einige notwendige Nachbereitungsaufgaben automatisiert werden.

4.2 Auswertungs- und Erweiterungsmöglichkeiten

Auswertungen bieten eine Vielzahl von Möglichkeiten zur Verbesserung und Anpassung des Programmportfolios sowie die Erfassung der grundsätzlichen Haltung der Mitarbeiter zum angebotenen Veranstaltungsumfang.

Neben den klassischen Auswertungsschemata, wie z.B. die Übersicht aller angebotenen Schulungen und deren Teilnehmerzahlen, bieten sich auch ergänzende Möglichkeiten wie Abteilungsgenaue Abrechnungen und Jahresvergleiche. Anhand der Anmeldungen für einzelne Veranstaltungen können diese nochmals angeboten oder aus dem Angebot gestrichen werden. Bei Standardschulungen im EDV-Bereich müssen eventuell Anpassungen an Inhalt und Länge durchgeführt werden. Aktuell noch nicht implementiert aber durchaus sinnvoll, ist ein Bewertungsmodul für einzelne Dozenten.

Die Beurteilungsbögen werden ausgegeben und nach der Veranstaltung als entsprechendes Feedback (nicht nur für den Dozenten) ausgewertet. Durch die Elektronische Erfassung der Bögen, können Profile der Dozenten angelegt werden. Diese dienen insbesondere den Veranstaltungsplanern als Informationen für die zukünftige Zusammenarbeit. Zusätzlich würde die Auswertungsmöglichkeit eines Bewertungsmoduls auch als Qualitätsmanagement der Veranstaltungen selbst dienen, um gegebenenfalls Defizite im Zeit- und Raummanagement aufzudecken.

4.3 Fazit

Ein gutes Wissensmanagement ist für jedes Unternehmen wie auch für öffentliche Einrichtungen essentiell. Für die Mitarbeiter muss die Möglichkeit geschaffen werden, Fortbildungen und Seminare zu besuchen und dabei auf eine einfache und effektive Art und Weise über das Programm informiert zu werden bzw. sich dann direkt anmelden zu können.

Einer der wichtigsten Punkte bei der Analyse und Konzeption einer solchen Anwendung, ist die Ermittlung der notwendigen Geschäftsprozesse und die daraus resultierenden Basis-Funktionen des Programmes. Sind diese ermittelt, wird eine für den Benutzer anwenderfreundliche grafische Oberfläche entworfen und die Funktionen implementiert.

Es gibt diverse Arten der Softwareentwicklung und alle haben Vor -und Nachteile. Was aber alle Vorgehensweisen gemein haben ist, dass am Ende ein gutes, solides und vor allen Dingen funktional zufriedenstellendes Produkt steht.

Der nächste Schritt, ist nun das Bereitstellen und Erfassen von weiteren Seminaren, Fortbildungen und Veranstaltungen – im günstigsten Fall mit einer hohen Mitarbeiterbeteiligung. Das fertig entwickelte Programm läuft im Landratsamt X bereits im Echteinsatz und wird rege genutzt. Zuletzt als An-melde- und Informationsportal bzw. zur verbesserten Planung für die ange-botenen Aktivitäten am Betriebsfest und als Sitzungsmanagement bei Führungskräfteveranstaltungen.

Literaturverzeichnis

Kenneth C. Laudon, Jane P. Laudon, Detlef Schoder
WIRTSCHAFTSINFORMATIK – EINE EINFÜHRUNG, 2. Auflage,
München: Pearson Education GmbH

Helmut Balzert
LEHRBUCH DER SOFTWARETECHNIK – SOFTWARE ENTWICKLUNG,
Heidelberg: Spektrum Akademischer Verlag

Hans Robert Hansen, Gustaf Neumann
WIRTSCHAFTSINFORMATIK 1 GRUNDLAGEN UND ANWENDUNGEN,
10. Auflage,
Stuttgart: Lucius & Lucius Verlag

Edwin Schicker
Datenbanken und SQL, 4. Auflage,
Wiesbaden: Springer Fachmedien

Ramez A. Elmasri, Shamkant B. Navathe
Grundlagen von Datenbanksystemen, 3. Auflage,
München: Pearson Education GmbH

Thomas Grechenig, Mario Bernhart, Roland Breiteneder, Karin Kappel
Softwaretechnik,
München: Pearson Education GmbH

Ian Sommerville
Software Engineering, 6. Auflage
München: Pearson Education GmbH

Klaus Lenk, Ulrich Meyerholt, Peter Wengelowski

Wissen managen in Staat und Verwaltung

Berlin: edition sigma

Peter Forbig

Objektorientierte Softwareentwicklung mit UML, 2. Auflage

München: Carl Hanser Verlag

Ruprecht Dröge, Markus Raatz

Microsoft SQL Server 2008

Unterschleißheim: Microsoft Press Deutschland